Sergej Prokofjew: Leben und wichtige Werke

Portfolio-Arbeit: Elias Häfele, 2016

Sergei Prokofjew -

Leben und wichtige Werke

Portfolio-Arbeit

Elias Häfele

Impressum

Bibliografische Information der Deutschen Nationalbibliothek: Die Deutsche Nationalbibliothek verzeichnet diese Publikation in der Deutschen Nationalbibliografie; detaillierte bibliografische Daten sind im Internet über dnb.dnb.de abrufbar.

© 2016, Elias Häfele
Herstellung und Verlag: BoD – Books on Demand, Norderstedt

ISBN: 978-3-750401037

Sergei Prokofjew - Leben und wichtige Werke

Inhaltsverzeichnis

Sergei Prokofjew - Leben und wichtige Werke

„Prokofjew verstand nicht nur Neues zu errichten, sondern auch Altes zu zerbrechen."

Ilja Ehrenburg, russischer Schriftsteller

Einleitung

Es waren nicht Werke von Mozart, Beethoven, Bach oder Tschaikowski mit denen ich zum ersten Mal bewusst mit klassischer Musik in Berührung kam, sondern ein Musikstück eines musikalischen „Neuerers", welches ich mit fünf Jahren hörte: „Die Schlacht auf dem Eis" von Sergei Prokofjew. Genaueres darüber will ich im zweiten Teil dieser Portfolio-Arbeit berichten – jedenfalls hat mich dieses frühe Musikerlebnis letztendlich dazu bewogen, diese Portfolio-Arbeit zu schreiben.

Sergei Prokofjew - Leben

Kindheit und erste Kompositionen

Am 23. April 1891 wird im
Gouvernement Jekaterinoslaw (das
heutige Oblast Donezk in der Ukraine)
Sergej Prokofjew auf einem Landgut
geboren - neben Schostakowitsch und
Strawinsky der bedeutendste russische
Komponist des 20. Jahrhunderts
(Täuschel 2016). Schon mit fünf Jahren
zeigt das Einzelkind Sergei seine große
Begabung für die Musik. Seine frühen
Werke werden von seiner ihn
verhätschelnden und selbst sehr
musikalischen Mutter aufgeschrieben:

*Abbildung 1: Der junge Sergei
Prokofjew. Quelle: (Täuschel 2016).*

kleine Lieder, Rondos, Walzer, ein „Indischer Galopp" (MusicaNeo
2016).

Mit sieben Jahren lernt er Schach und bewahrt diese Leidenschaft sein
ganzes Leben lang (Head 2015). Als er neun Jahre alt ist, komponiert
Sergei seine erste Oper „Der Riese". Während der Sommer 1902 und
1903 nimmt er privaten Unterricht in Klavier, Musiktheorie und
Komposition bei dem Komponisten und Pianisten Reinhold Glière[1].

---

[1] Reinhold Moritzewitsch Glière (bis 1900 Glier, danach Glière; 1875 – 1956) war ein
erfolgreicher russischer Komponist, der im kommunistischen Russland etliche Orden und
Auszeichnungen erhielt, so zum Beispiel dreimal den Leninorden und einmal den Orden des
Roten Banners der Arbeit. Er war Volkskünstler der UdSSR und erhielt dreimal den Stalinpreis

Ausbildung am St. Petersburger Konservatorium

Da Prokofjews Mutter glaubt, dass die Isolierung auf dem Landgut die weitere musikalische Entwicklung ihres Sohnes bremsen würde, schreibt

er sich 1904 mit Unterstützung durch den erfolgreichen Komponisten Alexander Glasunow[2] beim Sankt Petersburger Konservatorium ein. Er zieht mit seiner Mutter in eine Wohnung in St. Petersburg, der Vater bleibt schweren Herzens allein auf dem Gutshof zurück. Im Konservatorium wird Prokofiev unter anderem von dem

Abbildung 2: Sergei Prokofjew während seiner Zeit am St. Petersburger Konservatorium. Quelle: (Head 2015)

berühmten Komponisten Nikolai Rimski-Korsakow[3] unterrichtet. Zu diesem Zeitpunkt hat der von sich selbst sehr überzeugte Prokofiev schon zwei weitere Opern komponiert: „Auf unbewohnten Inseln" und „Das Gelage während der Pest" (MusicaNeo 2016).

(1946, 1948, 1950) und wurde 1941 zum Doktor der Kulturwissenschaften ernannt (Sambale 2016).

[2] Alexander Konstantinowitsch Glasunow (1865 - 1936) war ein erfolgreicher russischer Komponist und Professor am Petersburger Konservatorium, der zahlreiche Jungtalente entdeckte und förderte.

[3] Nikolai Andrejewitsch Rimski-Korsakow (1844 - 1908) war ein russischer Komponist sowie Professor für Instrumentation und Komposition am Sankt Petersburger Konservatorium und wirkte auch als Dirigent und Pädagoge (Gartner 2016).

Seine Lehrer haben keinen leichten Stand bei ihm, mit vielen ist er unzufrieden, und weiß sie erst viel später zu schätzen, vor allem den altehrwürdigen Rimskij Korsakow:

> „Mein Mangel an Respekt für seine Lehrmethode hinderte mich nicht daran seine Musik zu bewundern. 1907 nahm ich teil an der Aufführung eines seiner Werke und applaudierte, bis mir die Hände schmerzten" (Winkler 2013a).

1910 stirbt Prokofievs Vater, was Sergei einige Jahre später vor dem Krieg bewahrt - als einziger Sohn einer Witwe wird er nicht eingezogen.

Rasch beginnt er sich einen Namen als Komponist zu machen, obwohl seine progressiven Werke die Öffentlichkeit oft irritieren. In seinem Klavierwerk „Sarkasmen" setzt er zum Beispiel eine Polytonalität ein, und seine „Etüden" (Op. 2) und „Vier Stücke" (Op. 4) sind stark chromatisch und dissonant (MusicaNeo 2016).

Seine zwei ersten Klavierkonzerte, bewirken einen Skandal - lediglich die Modernisten sind davon begeistert. Im Jahre 1911 wird Prokofiev von dem renommierten russischen

Abbildung 3: David Oistrakh beim Schachspiel mit Sergei Prokofiev. Quelle: (Head 2015).

Musikwissenschaftler und Kritiker Alexander Ossowski unterstützt, der

einen Brief an den Musikverleger Boris Jurgenson schreibt und damit dessen Zustimmung zur Veröffentlichung von Prokofievs Werken erhält.

Emigration in die USA

Sergej Prokofjew ist 26 Jahre alt, als in Sankt Petersburg die Oktoberrevolution[4] ausbricht und sich die politischen Verhältnisse in Russland drastisch verändern: Vom russischen Zarenreich zur kommunistischen Politik Wladimir Lenins. Der junge Komponist mit großer Neugier an avantgardistischen musikalisch-kulturellen Strömungen überrascht seine Zeitgenossen mit einer indifferenten politischen Haltung:

> „Ich hatte nicht die leiseste Ahnung von dem Zweck und der Bedeutung der Oktoberrevolution. Daher wurde meine Absicht, nach Amerika zu fahren, immer fester. Ich glaubte, dass Russland in dieser Zeit keinen Bedarf an Musik hätte, wogegen ich in Amerika viel lernen und überdies manche Leute für meine Musik interessieren könnte" (Täuschel 2016).

Am 7. Mai 1918 verlässt Prokofjew die Sowjetunion und erreicht im September sein Ziel: die USA. Die Jahre von 1918 bis 1936 verbringt Sergej Prokofjew in Amerika und Europa und unternimmt als ob seiner Virtuosität bewunderter Pianist zahlreiche Konzertreisen quer durch die USA, sowie nach Frankreich, Deutschland, Italien, Spanien, England, Japan und Kuba. Seine Opern „Die Liebe zu den drei Orangen" (1919), „Der feurige Engel" (1927), die Ballette „Der stählerne Schritt" (1925),

---

[4] Als Oktoberrevolution wird die gewaltsame Machtübernahme durch die russischen kommunistischen Bolschewiki ab dem 7. November 1917 bezeichnet. Sie beseitigte die aus der Februarrevolution hervorgegangene Doppelherrschaft aus sozial-liberaler Übergangsregierung unter Alexander Kerenski und den Sowjets und errichtete einen neuen Staat, der sich selbst als Diktatur des Proletariats verstand. In realsozialistischen Ländern wurde die Revolution gewöhnlich als Große Sozialistische Oktoberrevolution bezeichnet (Baberowski 2007).

„Der verlorene Sohn" (1928), „Am Dnjepr" (1930) und eine ganze Reihe von Instrumentalstücken komponiert er in dieser Zeit.

Sergei und Lina

Im Jahr seiner Ankunft in Amerika, lernt Prokofiev in New York die Sängerin Carolina Codina, genannt Lina kennen. Lina stammt aus einer katalanisch-polnisch-russisch-französischen Familie, war in Kuba aufgewachsen, hatte in Genf studiert und war nun in New York gelandet. Sergei gefällt ihre Eleganz und ihr fröhliches, weltoffenes Wesen und sie verlieben sich ineinander.

Abbildung 4: Carolina Codina, "Lina". Quelle: (Román 2015).

1922 will Prokofiev in Ruhe an seiner neuen Oper „Der feurige Engel" arbeiten. Er findet den ersehnten Ort der Ruhe in Ettal bei Oberammergau, wo er im März 1922 in der Villa Christophorus gemeinsam mit seiner Mutter und einem befreundeten Künstler logiert. Hier besucht ihn auch Lina. Im Jahr darauf, am 29. September 1923, schließen Lina und Sergei den Bund fürs Leben: Es ist eine Ziviltrauung in der Villa Christophorus, denn die Braut fühlte sich elend - sie erwartet nämlich ein Kind (Mahnke-Devlin 2010). Wenig später zieht das Ehepaar nach Paris, wo der Sohn Svjatoslav zur Welt kommt, 1928 gesellt sich ein Brüderchen dazu, Oleg.

1927, neun Jahre nach der freiwilligen Emigration in den Westen, erfolgt der erste Kontakt mit der Sowjetunion (Täuschel 2016). Lenin ist bereits tot, Trotzkij entmachtet und im Exil, Josef Stalin hat gerade seine Alleinherrschaft etabliert. In den Jahren 1927 und 1929 tourt Prokofiev durch Russland wo er ein begeistertes Publikum vorfindet und zahlreiche Kontakte knüpfen kann.

1933 folgen zwei weitere Reisen in die UdSSR, die Kontakte werden enger, der erste offizielle Sowjet-Auftrag steht an: Der Leningrader Regisseur Aleksandr Fajntsimmer bestellt bei Prokofjew eine Musik zu seinem Film über „Leutnant Kishe", eine Satire über die ausufernde Bürokratie unter Zar Paul I., die jedoch bald in Vergessenheit gerät. Nicht jedoch die Filmmusik-Suite von 1934 - diese bleibt lange Prokofjews populärstes Stück.

Rückkehr in die Sowjetunion

1936, den Unsicherheiten des Künstlerdaseins überdrüssig, übersiedelt Prokofjew mit seiner Familie in die Sowjetunion. Auch wenn Josef Stalins terrorgeplagte UdSSR 1936 nicht mehr viel mit dem zaristischen Russland Anfang des 20. Jahrhunderts zu tun hat - Sergej

Abbildung 5: Die Familie Prokofjew. Quelle: (Lohen 2016).

Prokofjew zieht es dennoch zurück in die Heimat:

> „Fremde Luft bekommt meiner Inspiration nicht,
> denn ich bin Russe, und wir sind wohl am
> wenigsten geeignet für ein Leben im Exil, für ein
> Leben in einem psychologischen Klima, das nicht
> das meiner Rasse ist. Ich muss zurückgehen. Ich
> muss mit Menschen sprechen, die mein eigen
> Fleisch und Blut sind, und die mir etwas
> zurückgeben können, was ich hier vermisse: ihre
> Lieder, meine Lieder" (Täuschel 2016).

Das Regime hatte ihn mit Zusagen gelockt: Seiner internationalen Karriere als Komponist und Klaviervirtuose würde keinen Abbruch getan. Moskau würde lediglich Paris als Wohnort ersetzen, ansonsten gäbe es nur Vorteile, regelmäßige Einkünfte, Auftragswerke des Staates und dergleichen (Mahnke-Devlin 2010).

Sergej Prokofjews Rückkehr in die totalitäre Sowjetunion auf dem Höhepunkt der Stalinistischen Säuberungen ist wohl eine der fragwürdigsten Entscheidungen, die ein Komponist im 20. Jahrhunderts je getroffen hat. Viele Zeitgenossen haben dazu Stellung bezogen, manche reagierten mit Verständnis, die Mehrheit mit Ungläubigkeit und Kopfschütteln. Igor Strawinsky äußerte sich drastisch:

> „Seine Rückkehr war ein Opfer an die Huren-Göttin
> und nichts anderes!" (Täuschel 2016).

Dmitrij Schostakowitsch bemerkte mitleidig:

> „Und so landete er wie ein Huhn in der Suppe. Er
> war nach Moskau gekommen, um uns zu belehren.
> Und nun belehrte man ihn. Wie jeder andere hatte
> er den Prawda-Artikel 'Chaos statt Musik' zu
> memorieren" (Kraut 2001).

Für Prokofjew zählen die 1940er Jahre zu den produktivsten Phasen seines Künstlerlebens. Er komponiert berühmte Werke wie das Ballett „Cinderella", die Oper „Krieg und Frieden" nach Leo Tolstojs Roman, die

Film-Musik zu Sergej Eisensteins Monumentalwerk über den Zaren Iwan den Schrecklichen, die Klaviersonaten 6 bis 9. Und - als Reaktion auf den 2. Weltkrieg - Werke mit eindeutiger Thematik: etwa eine „Ode auf das Ende des Krieges" oder die Orchestersuite „Das Jahr 1941" (Täuschel 2016).

Schwierige Zeiten

Den Prokofjews wird in diese Zeit klar, dass viele der vollmundigen Immigrations-Versprechen des Regimes lediglich Lippenbekenntnisse waren: Ihre Auslandspässe werden eingezogen, eine internationale Karriere verunmöglicht und die Werke Prokofievs zensiert - die Familie muss darben.

Abbildung 6: Mira Mendelson und Sergei Prokofjew. Quelle: (O A 2016).

Die Eheleute entfremden sich zunehmend, und 1941 zieht der Komponist zu seiner wesentlich jüngeren Geliebten, der Autorin und Librettistin Mira Mendelson. Lina bleibt mit den halbwüchsigen Söhn en zurück, ohne eigene Einkünfte und noch dazu in Kriegszeiten. Sie bemüht sich um ein Ausreisevisum, doch es wird abgelehnt. Schlimmer noch: Ausländerinnen stehen unter Generalverdacht, und so trifft auch sie nach ihrer Verhaftung und Folterung 1948 das sowjetische (natürlich haltlose) Standarurteil: zwanzig Jahre schwere Lagerhaft[5] wegen Spionage und Vaterlandsverrat (Mahnke-Devlin 2010).

---

[5] Acht Jahre dauerte die Haftzeit Linas; 1956, in der Tauwetterperiode, kam sie frei. Doch erst 1974 durfte sie die Sowjetunion verlassen. Sie zog erst nach Paris, später nach London, wohin auch ihre Söhne

Prokofjew ist von Linas Schicksal schockiert und tut, was er kann, um ihre Freiheit zu erreichen – vergebens (O A 2016).

Noch 1944 ist für Prokofiev mit der Komposition seiner 5. Symphonie die eigene künstlerische Welt trotz Krieg und Evakuierung noch relativ intakt. Er schreibt das Werk in Ivanovo in der Nähe von Moskau, wohin der sowjetische Komponistenverband seine künstlerische Elite während des Krieges untergebracht und ihr ein fast normales Arbeitsleben ermöglicht hatte (Täuschel 2016).

1945 stürzt Prokofiev schwer, mit fatalen Spätfolgen für seine Gesundheit – trotzdem hält seine Schaffenskraft auch in der für viele Künstlerinnen äußerst schwierigen Nachkriegszeit an.

Staatliche Zensur und Schauprozess

Schon 1939 schrieb Leo Trotzki in der New Yorker Zeitung Partisan Review zur Lage der offiziellen Kunst im kommunistischen Russland:

Abbildung 7: Leo Trotzki 1940 im Exil in Mexiko kurz vor seiner Ermordung. Quelle: (Buchman 2016).

> „Die offizielle Kunst der Sowjetunion ähnelt der totalitären Justiz, das heißt, sie beruht auf Lug und Trug. Ziel der Justiz wie der Kunst ist die Verehrung des 'Führers', die künstliche Erschaffung eines heroischen Mythos" (Becker 2007).

In Trotzkis Beitrag über „Kunst und Revolution" heißt es weiter:

---

emigriert waren. Später gründete sie die Sergei-Prokofiev-Stiftung, die sich der Erforschung und Verbreitung der Werke ihres Ex-Mannes widmet. Sie starb 1989, hochbetagt in ihrem 91. Lebensjahr.

„Es ist nicht möglich, ohne ein Gefühl physischen
Ekels und Entsetzens sowjetische Verse oder
Romane zu lesen oder Reproduktionen sowjetischer
Gemälde und Plastiken zu betrachten [...] Echtes
geistiges Schaffen ist unvereinbar mit Lüge,
Heuchelei und Konformismus" (Becker 2007).

Unter der Herrschaft Stalins war in der UdSSR ein künstlerischer Stil
entstanden, der sich „Sozialistischer Realismus" nannte. Das
Zentralkomitee (ZK) der KPdSU hatte Richtlinien beschlossen, denen
literarische Werke ebenso genügen mussten wie solche der bildenden
Kunst und der Musik. Grundsätzlich galt:

„Wahrheitstreue und historische Konkretheit der
künstlerischen Darstellung müssen mit den
Aufgaben der ideologischen Umformung und
Erziehung der Werktätigen im Geiste des
Sozialismus abgestimmt werden" (Lausberg 2016).

Solche Anweisungen wurden von Parteifunktionären ausgegeben, die
nichts von Kunst verstanden. Für Schriftsteller, Maler und Musiker war
das deshalb fatal: Nach der Revolution, also nach der Befreiung von der
zaristischen Zensur, hatten sie sich voller Begeisterung neuen,
avantgardistischen Strömungen zugewandt (Lausberg 2016). Nur kamen
diese Strömungen vorwiegend aus dem Westen - und damit waren sie in
den Augen der Apparatschiks von vorn herein dekadent.

In der bildenden Kunst hatten weder kubistische noch futuristische und
schon gar nicht surrealistische oder dadaistische Elemente etwas
verloren. Die Literatur sollte in erster Linie die Helden des Aufbaus der
Sowjet-Gesellschaft verherrlichen. Und Musikwerke sollten kämpferisch,
heroisch und pathetisch klingen, dabei die nationale Folklore
einbeziehen und auf eingängigen Melodien beruhen. Vor allem aber
mussten sie, um den Vorschriften des Sozialistischen Realismus´ zu
genügen, frei sein von so genannten „formalistischen Verirrungen"; als

solche galt zum Beispiel auch die zu Beginn des 20. Jahrhunderts entwickelte Zwölftontechnik (Becker 2007).

Trotz dieser verheerenden Entwicklungen kann Prokofiev noch relativ ungestört arbeiten. Dies ändert sich jedoch schlagartig, als Stalin im Januar 1948 die Oper eines georgischen Komponisten besucht, die ihm überhaupt nicht gefällt: Sie enthält seiner Meinung nach viel zu viele Modernismen. Das wiederum nimmt der Parteifunktionär Andrei Schdanow zum Anlass, die Entwicklungen in der sowjetischen Musik scharf anzugreifen (Becker 2007).

Abbildung 8: Sergei Prokofjew mit Schostakowitsch und Chatschaturian 1940. Quelle: (0 A 2016b).

Daraufhin verabschiedet das ZK der KPdSU eine Resolution, in der es den so genannten Formalismus verdammt. Sergei Prokofjew, Dimitri Schostakowitsch, Aram Chatschaturian und eine Reihe weiterer Komponisten werden offiziell als „bürgerliche Kosmopoliten" und „Formalisten" verurteilt und veranlasst, öffentliche Schuldeingeständnisse abzugeben. Sie erhalten keine Aufträge mehr, noch darf ihre Musik aufgeführt werden.

> „Ich habe mich unzweifelhaft der Atonalität
> schuldig gemacht" - Prokofjews Erklärung zum
> Beschluss des ZK der KPdSU (Kraut 2001).

> „Formalistisch nennen wir eine Kunst, die die Liebe
> zum Volke nicht kennt, die sich nur für Formfragen
> begeistert und die Bedeutung des Gehalts leugnet,
> eine Kunst, die aus einer pathologisch gestörten
> und pessimistischen Wirklichkeitsauffassung
> stammt und an keinerlei Kräfte und Ideal des
> Menschen glaubt. [...] Wir rufen die
> fortschrittlichen Musiker der Welt auf, sich zum
> Realismus zu bekennen [...]" – Schostakowitsch´
> Erklärung (Kraut 2001).

Das ZK der KPdSU erlässt einen offiziellen Beschluss, darüber, wie klassische Musik zu klingen habe, wenn sie der plakativen sowjetischen Ideologie und Propaganda nutzen solle (Täuschel 2016). Prokofjew als ehemaliger Exilant steht besonders im Fokus. Ihn trifft der öffentliche Schauprozess hart, seine angeschlagene Gesundheit macht ihm ohnehin zu schaffen, die Widerstandskraft, der Esprit schwinden.

In seinen letzten Lebensjahren tut Prokofjew alles, den parteioffiziellen ästhetischen Vorgaben zu genügen. Er vereinfacht seinen Stil, schlägt lyrische, fast wehmütige Töne an (Becker 2007).

1948 heiratet er seine Lebensgefährtin Mira Mendelson und beschließt, sich auf seiner Datscha im kleinen Dorf Nikolino in der Nähe von Moskau niederzulassen, wo er seine letzten Jahre verbringt.

Moskau mutiert inzwischen zur Denunzianten-Hölle. Überall lauert Gefahr in Stalins perfidem Kontrollsystem, jeder verdächtigt jeden ein Spion zu sein - eine ungeheure Anspannung lastet auf den Menschen.

> „Jede Nacht musste man lauschend warten, ob sie
> an der Tür pochen, ob ein Auto vor der Haustür
> hält",

schildert der Geiger David Oistrach später den Staatsterror,

> „eines Nachts kamen sie auch in unser Haus.
> Wollten sie zu uns oder zum Nachbarn? Unten

schlug die Haustür und der Aufzug setzte sich in Bewegung, hielt auf unserer Etage. Wie gelähmt horchten wir auf die Schritte. Vor welcher Tür bleiben sie stehen? Eine Ewigkeit verging, dann hörten wir sie an der anderen Wohnungstür klingeln. Seit diesem Abend weiß ich, dass ich kein Kämpfer bin" (Winkler 2013b).

Und Sergej Prokofjew ist es auch nicht: Er ist ein genialer Komponist, Pianist und Dirigent, und das einzige, das er will, ist in Frieden leben und an seiner Musik arbeiten. Auf seiner Datscha schreibt er die Oper „Die Geschichte vom wahren Menschen", das Ballett „Das Märchen von der steinernen Blume", die Klaviersonate Nr. 9, das Oratorium „Auf Friedenswacht" und viele weitere Kompositionen. Sein letztes Werk ist die im Jahre 1952 geschriebene Symphonie Nr. 7.

Kritiker bemängeln, dass seine letzten Arbeiten von wenig Biss und Kreativität geprägt sind. Trotzdem schreibt Prokofjew auch am Ende seines Lebens große Musik, wie 1950 die „Sinfonia concertante" - eine Umarbeitung seines frühen Cellokonzerts e-Moll (Täuschel 2016).

Sergei Prokofiev stirbt am 5. März 1953 an einer Gehirnblutung – ironischerweise am selben Tag wie Josef Stalin. Dem Diktator erweisen viele tausend Menschen die letzte Ehre, der Tod des Komponisten hingegen wird kaum bemerkt (Becker 2007). In den Zeitungen erscheint kein Wort über Prokofjew, kein Nachruf, keine Würdigung. Nur das Ausland reagiert:

> „einen Komponisten voller Vitalität, voller Fröhlichkeit und Kühnheit"

nennt ihn Benjamin Britten,

> „Mit tiefer Trauer rufe ich ihn an, den großen blonden Jungen, den wunderbaren Pianisten, den Komponisten von eigenstarker Art",

so Darius Milhaud (Winkler 2013a).

Schon bald danach aber setzt die so genannte Entstalinisierung ein: Städte und Straßen, die den Namen des Diktators tragen, werden umbenannt, seine Statuen verschwinden. Prokofjew hingegen erwacht zu neuem Leben: So wird beispielsweise seine Orchestermusik in den USA häufiger als die jedes anderen klassischen Komponisten der vergangenen 100 Jahre - mit Ausnahme jener von Richard Strauss - gespielt (Martland 2016).

Übersicht: Biographische Skizze und wichtige Werke

Da es meines Erachtens nicht möglich ist, Leben und Werk von Kunstschaffenden (im Allgemeinen) und von Sergei Prokofjew (im Speziellen) zu trennen, habe ich aus mehreren Quellen eine biographische Skizze mit wichtigen Lebensstationen Prokofjews kompiliert und bedeutende bzw. bedeutsame und populäre Werke in diese eingearbeitet. Quellen: (Deutschland 2016), (Sikorski 2000a), (Kultur Fibel 2016) und (Sikorski 2000b), (Klassika 2016) sowie (Russisches Musikarchiv 2016) - mit eigenen Ergänzungen und Anmerkungen. Eine vollständige Übersicht der Werke Prokofjews findet sich unter www.russisches-musikarchiv.de/werkverzeichnisse/prokofjew-werkverzeichnis.htm.

1891 Sergej Prokofjew wird am 23. April[6] auf dem Gut Sonzowka bei Jekaterinenburg in der Ukraine als Sohn eines Gutsverwalters geboren.

1895 erster Klavierunterricht durch seine musikalische Mutter.

1896 erste Kompositionen, u.a. ein Indischer Galopp.

1900 erste Oper: Der Riese.

1902-1903 private Kompositionsstudien bei Reinhold Glière.

1904 wird Prokofjew Alexander Glasunow vorgestellt, der ihm rät, sofort ein Studium am Konservatorium zu beginnen; ab April Student am Sankt Petersburger Konservatorium bis 1914: Studium Komposition, Kontrapunkt, Orchestration, Klavier und Dirigieren, unter anderem bei Nikolai Rimski-Korsakow und Anatoli Ljadow.

---

[6] Entsprechend dem gregorianischen Kalender. In Russland wurde zu dieser Zeit noch der julianische Kalender benutzt.

1908 Sinfonie E-Moll und Erste Klaviersonate; Debüt bei den Petersburger „Abenden für zeitgenössische Musik".

1910 Tod des Vaters.

1911 Erste Klaviersonate als op.1 veröffentlicht.

1912 Erstes Klavierkonzert in Moskau.

1913 Erste Auslandsreise mit seiner Mutter: Paris, England, Schweiz; Skandal 2. Klavierkonzert in Pawlowsk.

1914 Anton-Rubinstein-Preis des Konservatoriums; in London Bekanntschaft mit Sergei Diaghilew. Kompositionsauftrag zu einem Ballett „Le Chout" durch Diaghilew.

1917 Klassische Sinfonie, Erstes Violinkonzert, Visions fugitives, Dritte und Vierte Klaviersonate.

1918 aufgrund der schwierigen Situation nach der Oktoberrevolution entschließt sich Prokofjew, Russland zu verlassen, reist über Sibirien und Japan in die Vereinigten Staaten.

1919 Vertrag über die Komposition der Oper „Die Liebe zu den drei Orangen".

1920 lässt sich Prokofjew nach finanziellen Problemen in Frankreich nieder.

1921 „Le Chout" in Paris zum Start der Diaghilew-Saison (Ballets Russes); Drittes Klavierkonzert und Liebe zu den drei Orangen in Chicago.

1922-23 lebt Prokofjew mit Lina in Ettal, von dort Konzertreisen als Pianist und Dirigent durch Europa.

1923 Hochzeit mit der spanischen Sängerin Carolina Codina (Künstlername Lina Llubera).

1924 Zweite Sinfonie.

1925 Amerika-Tournee.

1927 Konzertreise führt Prokofjew erstmals wieder in die Sowjetunion, in Leningrad Bekanntschaft mit jungen Komponisten, unter anderen mit Schostakowitsch.

1929 Dritte Sinfonie; Tod Diaghilews.

1930 Erstes Streichquartett, Vierte Sinfonie in Boston.

1931 Viertes Klavierkonzert.

1932 Fünftes Klavierkonzert in Berlin unter Dirigent Furtwängler; Prokofjew übernimmt einen Lehrauftrag am Moskauer Konservatorium.

1936 Übersiedelung der Familie nach Moskau; „Peter und der Wolf", Tournee durch Spanien, Portugal, Algerien, Tunesien und durch die Vereinigten Staaten.

1938 letzte Auslandsreise.

1939 Prokofjew wird stellvertretender Vorsitzender des Moskauer Komponistenverbandes.

1940 „Romeo und Julia", Sechste Klaviersonate, große Produktivität.

1941 Trennung von seiner Familie, Prokofjew zieht zu der Dichterin Mira Mendelson; deutscher Überfall auf die Sowjetunion, Zweites Streichquartett.

1942 Alma Ata, Filmkompositionen.

1943 „Krieg und Frieden", Stalinpreis für die Siebente Klaviersonate.

1944 Cinderella, Zweite Violinsonate; Aufführung von Schostakowitschs Erstem Klavierkonzert in Moskau mit Prokofjew als Dirigent (am Klavier Schostakowitsch), 5. Sinfonie, 8. Klaviersonate.

1945 letztes Auftreten als Dirigent mit der Fünften Sinfonie in Moskau; Ende Januar schwerer Sturz und anschließende lange Krankheit; Mai: deutsche Kapitulation.

1946 Stalinpreis für 5. Sinfonie, 8. Klaviersonate und Filmmusik „Iwan der Schreckliche".

1947 unerwartete Absetzung der Oper Krieg und Frieden, nach scharfer Kritik am zweiten Teil des Films Iwan der Schreckliche wird eine Aufführung verboten; November: Auszeichnung als „Volkskünstler der Sowjetunion".

1948 wird Prokofjew vom ZK der KPdSU formalistischer Tendenzen bezichtigt und zu größerer Volkstümlichkeit aufgefordert; Heirat mit Schriftstellerin und Librettistin Mira Mendelson.

1949 Zusammenarbeit mit dem Cellisten Rostropowitsch bei der Komposition der Violoncellosonate.

1950 erneut schwere Erkrankung, trotzdem proliferative Kompositionstätigkeit.

1952 Sechstes Klavierkonzert, Violoncellokonzert mit Rostropowitsch, 7. Sinfonie.

1953 Arbeit an Violoncello-Sonate und an 10. Klaviersonate, 5.März: Prokofjew stirbt am selben Tag wie Stalin, Prokofjews Tod bleibt im Schatten der landesweiten Trauer um den gleichzeitig verstorbenen Diktator von der Öffentlichkeit fast völlig unbeachtet.

Prokofjews Stil und zwei ausgewählte Werke

Prokofjews Stil

Sergej Prokofjew war Zeit seines Lebens extrem produktiv: Seine schöpferische Arbeit erstreckte sich über ein halbes Jahrhundert - von den frühen Klavierstücken und der 1902 im Alter von 11 Jahren komponierten G-Dur-Symphonie bis zu den nicht mehr vollendeten Werken der Jahre 1952 und 1953. Das Werkverzeichnis umfasst über 130 Kompositionen (Russisches Musikarchiv 2016).

Zudem war er ein sehr vielseitiger Komponist, fast alle Musikgenres sind in seinem Schaffen vertreten: Sieben Sinfonien, acht Opern, sieben Ballette, Kantaten, Konzerte, Filmmusiken, Chorwerke, Lieder und Klaviermusik.

Carolina Codina erinnert sich in einem Interview nach Prokofjews Tod:

> „Sergej Prokofjew war keiner der Komponisten, die von einer speziellen Inspiration abhängig sind. Seine schöpferischen Talente waren so reich und im Überfluss vorhanden, dass er lediglich die Gelegenheit brauchte, sich selbst auszudrücken. Sein Verstand war ein Brunnen, aus welchem jederzeit Musik heraussprudeln konnte. Er musste seine musikalischen Einfälle dann lediglich auf dem Papier festhalten. Prokofjew hörte niemals auf, schöpferisch tätig zu sein; der Prozess des Komponierens begleitete ihn ständig. In vollkommen unerwarteten Momenten oder in den ungewöhnlichsten Situationen, zum Beispiel während einer Unterhaltung oder eines Spazierganges, konnte er plötzlich Notizen für ein neues Thema in ein spezielles Notizbuch, welches er

immerfort in seiner Tasche mit sich trug, machen.
Hatte er vergessen, es mitzunehmen, notierte er
seine musikalischen Einfälle einfach auf irgendein
Stück Papier, das er gerade zur Hand hatte. Wieder
zu Hause angelangt, schrieb er das Thema in ein
Notenheft, das er für diesen Zweck hatte. So tat er
es sein ganzes Leben lang. Auf diese Art hatte er
nie Probleme, geeignetes thematisches Material für
seine Werke zu finden." (Amann 2016).

Prokofjew selbst hat in seinen „Erinnerungen" (Prokofjew & Schilfstein 1965) seinen Stil als Zusammenspiel von **vier** Grundlinien erklärt (Hervorhebungen durch den Autor):

> „Hier möchte ich auf die Hauptrichtungen
> eingehen, in denen sich mein Schaffen bewegte. Da
> ist zuerst die **klassische Richtung**, noch aus der
> frühen Kindheit stammend, als ich von der Mutter
> die Sonaten von Beethoven hörte. Sie nimmt mal
> ein neoklassisches Aussehen an (Sonaten,
> Konzerte), zum anderen ahmt sie die Klassik des
> 18. Jahrhunderts nach (Gavotten, „Klassische
> Sinfonie", zum Teil auch die „Sinfonietta"). Die
> **zweite Richtung** ist die des **Neuerers**, die von
> jener Begegnung mit Tanejew ausgeht, als er meine
> „primitiven Harmonien" monierte. Anfangs war es
> das Suchen nach einer eigenen Harmonik, dann
> verwandelte es sich in ein Suchen nach einer
> Sprache für starke Emotionen („Gespenst",
> „Verzweiflung", „Versuchung", „Sarkasmen",
> Skythische Suite", einiges in den Romanzen op.23,
> im „Spieler", ...). Obgleich es sich bei dieser
> Richtung in der Hauptsache um die Harmonik
> handelt, gehören doch auch die Neuerungen in den
> melodischen Intonationen, in der Instrumentation

und im formalen Aufbau dazu. Die **dritte Richtung** ist die der **Toccaten** oder, wenn man will, die **motorische**, die wahrscheinlich von der Tokkata Schumanns ausgeht, die seinerzeit auf mich einen großen Eindruck machte (die Etüden op.2, die Tokkata op.11, das Scherzo op.12, die Tokkata im Fünften Klavierkonzert....wie auch die immer wieder aufbegehrenden Figuren und Passagen im Dritten Klavierkonzert). Diese Richtung ist wahrscheinlich die minder wertvolle. Die **vierte** ist die **lyrische** - zuerst als eine lyrisch-betrachtende, zuweilen nicht ganz mit der Melodik, jedenfalls nicht mit einer längeren melodischen Linie verbundene (das „Märchen" aus op.3, „Träume", „Herbstskizzen"...), später auch mit einer mehr oder weniger ausgeführten Melodie verknüpft (der Anfang des Ersten Violinkonzertes, „Großmutters Märchen"...). Diese Richtung machte sich nicht oder erst später bemerkbar. In der Lyrik hatte ich lange Zeit gar keinen Erfolg, und sie entwickelte sich, nicht ermuntert, recht langsam. Dafür legte ich später auf sie immer größeren Wert. **Ich möchte mich auf diese vier Richtungen begrenzen** und eine **fünfte, „groteske"**, die manche bei mir finden wollen, eher als eine **Ausweitung der erstgenannten Richtungen** ansehen. In jedem Falle erhebe ich Einspruch gegen das Wort „grotesk", das bis zum Überdruß abgedroschen ist. Der Sinn des französischen Wortes „grotesque" ist dabei in erheblichem Maße entstellt. In der Anwendung auf meine Musik möchte ich es lieber durch den Ausdruck **„Scherzhaftigkeit"** ersetzt wissen oder, wenn man will, durch die seine drei Steigerungen wiedergebenden Worte: Scherz, Lachen, Spott" (Amann 2016).

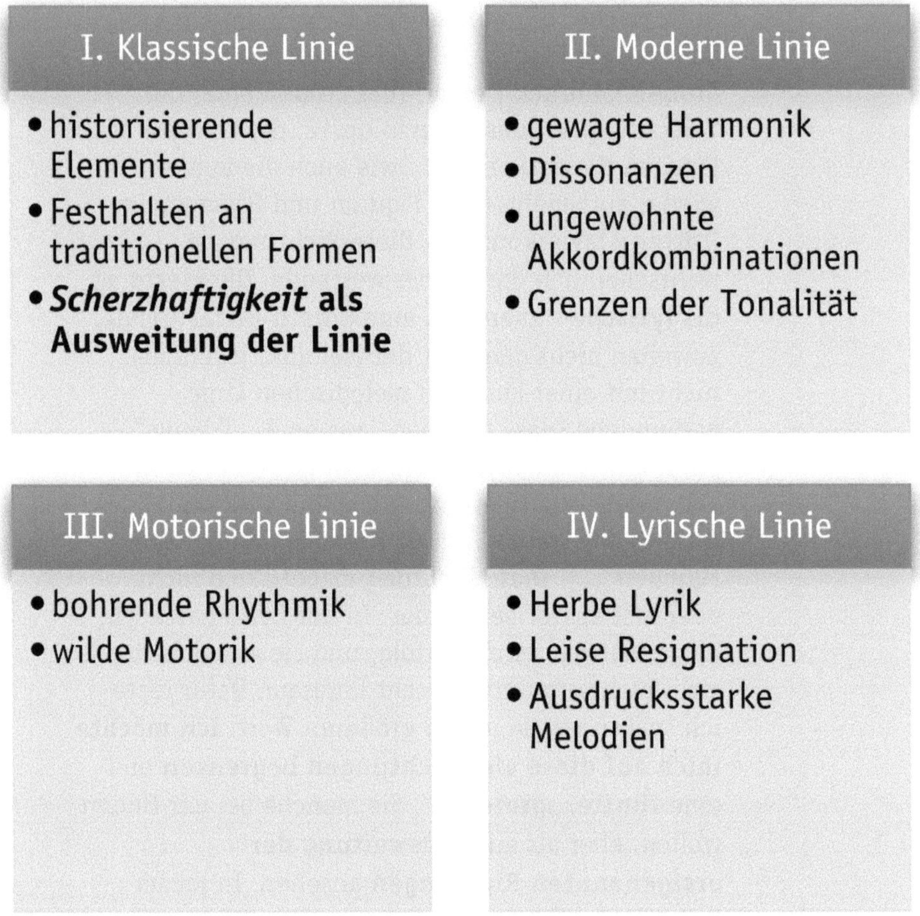

I. Klassische Linie	II. Moderne Linie
• historisierende Elemente • Festhalten an traditionellen Formen • *Scherzhaftigkeit* **als Ausweitung der Linie**	• gewagte Harmonik • Dissonanzen • ungewohnte Akkordkombinationen • Grenzen der Tonalität
III. Motorische Linie	IV. Lyrische Linie
• bohrende Rhythmik • wilde Motorik	• Herbe Lyrik • Leise Resignation • Ausdrucksstarke Melodien

Abbildung 9: Prokofjews Stil als Zusammenspiel von vier Grundlinien (eigene Illustration).

Zwei ausgewählte Werke

Aus der Vielzahl von Prokofjews Werken kenne ich nur einen winzig kleinen Ausschnitt: Die „Klassische Sinfonie", Auszüge aus den Balletten „Romeo und Julia" und „Aschenbrödel", das Sinfonische Märchen „Peter und der Wolf" natürlich aber vor Allem seine Musik zu den Filmen „Leutnant Kijé" und „Alexander Newski".

Alexander Newski

Wie schon eingangs erwähnt, hatte ich meine erste bewusste Begegnung mit Prokofjews Musik, als ich fünf Jahre alt war: Von einer CD mit einem seltsam anmutenden Cover spielte mir mein Vater ein Stück vor, welches mich tief beeindruckte - „Die Schlacht auf dem Eis". Auch heute noch spricht mich diese Musik auf eine ganz besondere Weise an: Sie erzählt mir über die darin enthaltenen Emotionen eine „Geschichte in der Geschichte", quasi eine „tiefere Wahrheit", die ich aber nicht in Worte fassen kann,

Abbildung 10: Cover der Deutsche-Grammophon CD mit Aufnahmen von Alexander Nevsky und Lieutenant Kijé (Eigener Scan).

ohne diese zu etwas Trivialem zu machen. Jedenfalls läuft mir beim Anhören diese Musik aufgrund ihrer emotionalen Wucht, Dynamik und Plastizität immer noch ein Schauer über den Rücken. Nur wenige andere musikalische Werke lösen bei mir Ähnliches aus, weshalb ich dieses Stück in meine – natürlich nicht auf Papier geführte - Liste der „all time favourites" aufgenommen habe.

„Alexander Newski" war eine Auftragsarbeit für den gleichnamigen Film des kongenialen Regisseurs Sergei Eisenstein.

Die Handlung des Films ist auf eine große Schlacht des erfolgreichen Fürsten und der russischen Legende Alexander Newski reduziert. Aus dem Livländischen kommend, erobert der Deutsche Orden Anfang des 13. Jahrhunderts das Fürstentum Pskow. Alexander Newski, der Sieger beim Kampf der Russen gegen die Schweden, wird aus Jaroslawl gerufen, um Nowgorod zu verteidigen. Er plant jedoch, die Ordensritter aus Russland zu vertreiben und stellt ein Volksheer (unter besonderer Berücksichtigung der Bauern) auf. Zwischen Nowgorod und Pskow treffen sich am 5. April 1242 die Heere am Peipussee und der Deutsche Orden wird vernichtend geschlagen (Wozniak 2003).

Der Film selbst war ebenfalls eine Auftragsarbeit: Die politische Führung wünschte sich von Eisenstein einen Propagandafilm. Absicht war es, mit diesem Film eine Abneigung gegenüber Nazi-Deutschland zu schüren: Dementsprechend ist beim Kostümbild die Charakterisierung der

Abbildung 11: Szene aus dem Film Alexander Newski von Sergei Eisenstein. Quelle: (Strobel 2010).

gegnerischen Ordensritter ausgefallen, die vor keiner Gräueltat zurückschrecken. Angedeutete Hakenkreuze an der Mitra des Bischofs sowie an deutsche Stahlhelme erinnernde Rüstungshelme der Fußknechte tragen zur antideutschen Grundhaltung bei.

Die künstlerische Zusammenarbeit zwischen Eisenstein und Prokofjew ist bemerkenswert und bis dahin einzigartig: Sie beschränkte sich nicht darauf, den Komponisten Musik zum bereits geschnittenen Film liefern zu lassen. Vielmehr sind die Bilder teilweise – zum Beispiel die an ein Ballett erinnernden Szenen der entscheidenden Schlacht auf dem Eis – auf die Musik geschnitten worden (Storrer 2016).

Prokofjew hat mit Alexander Newski eine eindeutig russische, dennoch zeitgemäße Musik geschrieben, die - wie er selbst in seinen „Erinnerungen" ausführt –

> „[...] in der Lage ist, der Phantasie des Zuschauers genügend Nahrung zu geben. Daher erschien es erheblich vorteilhafter, sie nicht in der Gestalt zu bringen, wie sie wirklich zu Zeiten der Schlacht auf dem Eissee geklungen hat, sondern in der Gestalt, wie wir sie uns heute vorstellen" (Prokofjew & Schilfstein 1965).

Die Konstruktion der Musik folgt, wie es auch jener des Filmes entspricht, einer Dramaturgie der Gegenüberstellung von zwei dominanten Motivbereichen, dem russischen und dem teutonischen. Spektakulärer Höhepunkt des Film ist die „Schlacht auf dem Eis", die im Film fast 35 Minuten dauert und die alle bis dahin entwickelten musikalischen Themen sinfonisch durcharbeitet und zu einem einheitlichen Klangkomplex vereint (Strobel 2010).

> „Durch Alternieren der russischen Melodie mit der deutschen wird die Logik der abwechselnden Dominanz der Kräfte vermittelt. Wenn die symmetrischen Musikpassagen ihre musikalische Entwicklung erschöpfen, werden sie abrupt durch quasi-naturalistische Schlachtgeräusche ersetzt; gegen Ende der Schlacht, bei der Verfolgung, werden die Melodien über Überlappungen und Überblendungen ineinander verwoben, die deutsche Melodie geht in das Geräusch der Luftblasen über und ‚versinkt' wie der letzte Ritter im See" (Bulgakowa 1998).

Auf der Grundlage seiner Filmmusik entstand später Prokofjews Kantate Alexander Newski op. 78, die von Musikkritikerinnen im Vergleich zur vielschichtigen Filmmusik aber oft als zu pathetisch kritisiert wurde.

In der Filmmusik „Alexander Newski" und besonders im Stück „Die Schlacht auf dem Eis", erkenne ich als Laie die Synthese bzw. das Zusammenspiel aller von Prokofjew beschriebenen Grundlinien (siehe die Abbildung 9) – vielleicht ist das auch der Grund, warum mich dieses Stück so fasziniert.

Leutnant Kijé

Die Filmmusik zum gleichnamigen Streifen gefällt mir weniger wegen der zahlreichen Zitate in der Popmusik der letzten 30 Jahre (darüber später mehr) sondern vielmehr wegen der charmanten Ironie, dem Spöttischen oder – wie Prokofjew es in seinen „Grundlinien" beschreibt – dem „Scherzhaften".

Schon 1933 (also vor Alexander Newski) schreibt Prokofjew - ebenfalls als Auftragsarbeit - die Musik zur Tonfilmkomödie „Leutnant Kijé", nach einer satirischen Novelle von Juri Nikolajewitsch Tynjanow.

In der Musik wie im Film geht es um ein urrussisches Thema: die allgewaltige Bürokratie und ihre grotesken Auswüchse. Aus Furcht vor der Zensur und Schlimmerem allerdings um die unter dem Zarenregime und nicht um jene unter dem aktuellen bolschewistischen.

Leutnant Kijés Geschichte spielt im 18. Jahrhundert unter Zar Paul I. Es gibt ihn in Wirklichkeit aber gar nicht - ein Militärschreiber trägt ihn aus Versehen ins Register ein. Aber der Papier-Leutnant erwacht zum Leben: Zuerst werden alle Fehler auf ihn abgewälzt, woraufhin er nach Sibirien muss, dann wird er aber begnadigt, sogar befördert, zuletzt bis zum General, heiratet und stirbt schließlich. Mit einer pompösen Zeremonie trägt man den fiktiven Toten in einem leeren Sarg zu Grabe (Winkler 2013c).

Prokofjew ist spontan begeistert von der satirischen Geschichte und schreibt die Musik zum Film passend zu den Lebensstationen des fiktiven Leutnants:

1. Kishes Geburt (Allegro)
2. Romanze (Andante)
3. Kishes Hochzeit (Allegro fastoso)
4. Troika (Moderato)
5. Kishes Begräbnis (Andante assai)

Prokofjew ist vom Ergebnis seiner Arbeit sehr angetan (Moormann u. a. 2014) und sieht die Musik in der Kategorie:

„seriös-leicht, melodiös und verständlich"
(Prokofjew & Schilfstein 1965).

Die Musik zu „Leutnant Kijé" inspiriert wegen ihrer Originalität, ihrem Esprit, Charme und Humor bei gleichzeitiger Tiefe bis heute zahlreiche Popmusiker und Filmemacherinnen: Der 4. Satz wird oft als musikalisches Weihnachtsmotiv oder zur Untermalung von Schneefall verwendet. Teile der Musik werden von Sting (Russians), Woody Allen (Die letzte Nacht des Boris Gruschenko), Emerson, Lake and Palmer (I Believe In Father Christmas), Magnum, Blood, Sweat & Tears (40,000 Headmen), Yes (Something's Coming) und vielen anderen verwendet (Moormann u. a. 2014).

Gedanken zur Arbeit

Nun ist mein Text deutlich länger als geplant geraten: Da ich viele Tage Zeit investiert habe, mit meiner Arbeit Leben und Werk Prokofjews in dieser Form gerecht zu werden, fehlte mir für einen kürzeren Text einfach die Zeit - ich wüsste nicht welche Details ich hätte weiter „eindampfen" oder gar weglassen können.

Nach (und in) Quellen geforscht habe ich diesmal nicht nur mittels Internet, mir standen auch zahlreiche CDs mit Aufnahmen und sehr erhellenden Booklet-Texten von wichtigen Werken Prokofjews zur Verfügung. Im Internet habe ich den entsprechenden Wikipedia-Eintrag als Basis-Information für die weitere Recherche verwendet und zahlreiche deutsch- wie englischsprachige Websites zu Prokofjew gefunden. Auf zahlreiche Detailinformationen in Fachliteratur stieß ich auch bei der Suche in Google Books.

Das Suchen und Lesen im Netz war es dann, was mir so richtig Auftrieb gab: So viel Interessantes gab es zu lesen, so viele Zusammenhänge konnte ich entdecken und so verbrachte ich sogar freiwillig einige Stunden mit der Lektüre, obwohl ich diese gar nicht mehr zum Fertigstellen der Arbeit benötigt hätte. Spaß brachte mir an der Arbeit vor allem die „Nebenrecherche" bspw. des geschichtlichen Kontextes, um Lebensweg, Entscheidungen und Musik Prokofjews besser zu verstehen.

Auf ein Werkzeug beim Schreiben einer Arbeit bzw. beim Zitieren von Quellen will ich nicht mehr verzichten: Die Zitierhilfe Zotero. Ohne diese wäre ich beim Verwalten und Einfügen der vielen Textzitate wahrscheinlich verzweifelt.

Ich bin sehr froh, dass ich mir das Thema meiner Arbeit selbst aussuchen konnte – so bot sich mir die Möglichkeit, ein tieferes

Verständnis für die Musik zu entwickeln, welche mich von Kindesbeinen an fasziniert hatte.

Mein Fazit: Das Schreiben diese Arbeit habe ich – trotz Zeitnot – als Gewinn empfunden; ich hoffe, es ging Ihnen beim Lesen ähnlich.

Elias Häfele, 2016

Literaturverzeichnis

Amann, Andrea 2016. Sergej Prokofjew (1891-1953) Klavierkonzert Nr.3 C-Dur op.26. http://www.schule-bw.de/unterricht/faecher/musik/materialien/oberstufe/prokofjew/handrei chung_prokofjew_klavierkonzert_no_3_andrea_amann_RPS_stuttgart.pdf.

Baberowski, Jörg 2007. Was war die Oktoberrevolution? http://www.bpb.de/files/NYZRFT.pdf [Stand 2016-06-13].

Becker, Herbert 2007. *Kalenderblatt - 23.04.2007 - Prokofjew geboren | BR.* https://web.archive.org/web/20070930030355/http://www.br-online.de/wissen-bildung/kalenderblatt/2007/04/kb20070423.html [Stand 2016-06-13].

Bulgakowa, Oksana 1998. *Sergej Eisenstein. Eine Biographie.* Berlin: PotemkinPress.

Deutschland, Stiftung Haus der Geschichte der Bundesrepublik 2016. *Gerade auf LeMO gesehen: LeMO Sergej Prokofjew.* http://www.hdg.de/lemo/biografie/sergej-prokofjew.html#jpto-top [Stand 2016-06-12].

Gartner, Ralf 2016. Nikolai Andrejewitsch Rimski-Korsakow. *Wikipedia.* https://de.wikipedia.org/w/index.php?title=Nikolai_Andrejewitsch_Rimski -Korsakow&oldid=154125378 [Stand 2016-06-13].

Head, Tom 2015. Six Interesting Facts About Sergei Prokofiev (1891-1953) CMUSE. http://www.cmuse.org/interesting-facts-about-sergei-prokofiev/ [Stand 2016-06-13].

Klassika 2016. *Klassika: Sergei Sergejewitsch Prokofjew (1891-1953): Werkverzeichnis.* http://www.klassika.info/Komponisten/Prokofieff/wv_gattung.html [Stand 2016-06-13].

Kraut, Jürgen 2001. *DSch - Google Groups.* https://groups.google.com/forum/#!topic/de.rec.musik.klassik/Rmh4sNWo aMQ [Stand 2016-06-13].

Kultur Fibel 2016. *Sergej Sergejewitsch Prokofjew, Opern Komponist Prokofjew.* http://www.kulturfibel.de/Kultur_Fibel_Magazin_Komponisten_Prokofjew.htm [Stand 2016-06-13].

Lausberg, Michael 2016. *Die russische Avantgarde - Tabula Rasa.* http://www.tabularasamagazin.de/artikel/artikel_6924/ [Stand 2016-06-13].

Mahnke-Devlin, Julia 2010. *29. September 1923 : Prokofiev heiratet Carolina Codina in Ettal.* http://www.br.de/radio/bayern2/wissen/kalenderblatt/2909-Prokofiev100.html [Stand 2016-06-12].

Martland, David 2016. Sergei Prokofiev. *Wikipedia, the free encyclopedia.* https://en.wikipedia.org/w/index.php?title=Sergei_Prokofiev&oldid=72472 2874 [Stand 2016-06-13].

Moormann, Peter, Riethmüller, Albrecht & Wolf, Rebecca 2014. *Paradestück Militärmusik: Beiträge zum Wandel staatlicher Repräsentation durch Musik.* transcript Verlag.

MusicaNeo 2016. *Sergei Prokofjew: Biographie und Werke - MusicaNeo.* http://www.musicaneo.com/de/composers/biography/357_sergei_prokofje w.html [Stand 2016-06-12].

O A 2016. Mira Mendelson. *Wikipedia.* https://de.wikipedia.org/w/index.php?title=Mira_Mendelson&oldid=15482 0296 [Stand 2016-06-13].

Prokofjew, Sergej & Schilfstein, S. I. 1965. *Dokumente, Briefe, Erinnerungen.* 1. VEB Deutscher Verlag für Musik Leipzig.

Russisches Musikarchiv 2016. *Werkverzeichnis Prokofjew.* http://www.russisches-musikarchiv.de/werkverzeichnisse/prokofjew-werkverzeichnis.htm [Stand 2016-06-13].

Sambale, Holger 2016. Reinhold Moritzewitsch Glière. *Wikipedia.* https://de.wikipedia.org/w/index.php?title=Reinhold_Moritzewitsch_Gli%C 3%A8re&oldid=152442110 [Stand 2016-06-13].

Sikorski 2000a. *Prokofjew, Sergej | Internationale Musikverlage Hans Sikorski.* http://www.sikorski.de/322/de/prokofjew_sergej.html [Stand 2016-06-13].

Sikorski 2000b. *Werkliste: Prokofjew, Sergej | Internationale Musikverlage Hans Sikorski.* http://www.sikorski.de/463/de/0/a/0/9001139/prokofjew_sergej/werke.html [Stand 2016-06-13].

Storrer, Nils 2016. Alexander Newski (Film). *Wikipedia.* https://de.wikipedia.org/w/index.php?title=Alexander_Newski_(Film)&oldid=153694806 [Stand 2016-06-14].

Strobel, Franz 2010. *Frank Strobel: ALEXANDER NEWSKI.* http://www.frankstrobel.de/projekte/alexander-newski.html [Stand 2016-06-14].

Täuschel, Annika 2016. *Von der Provokation zur Resignation: Zum 125. Geburtstag von Sergej Prokofjew | BR-Klassik.* https://www.br-klassik.de/themen/klassik-entdecken/prokofjew-125-geburtstag-100.html [Stand 2016-06-12].

Winkler, Bettina 2013a. Sergej Prokofjew (1). http://www.swr.de/-/id=10918494/property=download/nid=659552/d5669r/swr2-musikstunde-20130304.pdf [Stand 2016-06-13].

Winkler, Bettina 2013b. Sergej Prokofjew (2). http://www.swr.de/-/id=10918494/property=download/nid=659552/d5669r/swr2-musikstunde-20130304.pdf [Stand 2016-06-13].

Winkler, Bettina 2013c. Sergej Prokofjew (4). http://www.swr.de/-/id=10918494/property=download/nid=659552/d5669r/swr2-musikstunde-20130304.pdf [Stand 2016-06-13].

Wozniak, Matthias 2003. *Rezension Eisenstein und Prokofjew: Alexander Newski.* http://www.revsomol.de/rezensionen/rez_newski_okt03.htm [Stand 2016-06-14].

Abbildungsverzeichnis

FSC
www.fsc.org
MIX
Papier aus ver-
antwortungsvollen
Quellen
Paper from
responsible sources
FSC® C105338